聽聽看，
老婆婆吞了什麼？

主編／吳咸蘭
作者／王人平、吳咸蘭、施慧宜、許瑋捷、
　　　陳慧淇、賴韻天、薛伊廷
繪者／Ohno Studio

目　　標　　/ㄈ/、/ㄙ/、/ㄕ/ vs. /ㄅ/、/ㄉ/、/ㄊ/。

錯誤型態　　幼兒對於國語中有持續送氣的語音通常都發展得比較慢，在尚未穩定發展之前，幼兒經常會將氣流阻斷，變成另外一個語音，例如：將「番茄」說成「潘茄」或「班茄」，將「老鼠」說成「老土」，將「雨傘」說成「雨毯」，因此教學目標可以放在誘發有持續送氣的語音。

使用策略　　本書採用「意象」和「音素對比」策略，在故事展開之前，先用具體的形象引導出對目標音特質的想像，例如：將語音短短和長長的特質，透過意象的對比，再進入故事中語詞的對比。

共讀小提示　　■ 家長或教師可以找出書中表徵長音和短音意象的實體玩具或物品，讓幼兒實際操作並感受意象與聲音特質的關係；其他可以表徵長音／短音的物品包括絲巾、繩子、鼓或敲擊樂器，除此之外你還能想到哪些呢？

■ 進行長音／短音與物品配對的遊戲，強化幼兒對語音特質的覺察。

■ 熟讀故事後，跟幼兒輪流玩語詞接龍遊戲，例如：「老婆婆吞了一個頭，一隻＿＿＿。」

■ 可以自行製作圖片或模型，演出故事中荒誕滑稽的情節。

■ 故意說錯語詞目標音，讓幼兒糾正你。

傳說中，
有一位愛吞東西的老婆婆⋯⋯
想要見到她，
必須先通過一些考驗！
讓我們跟著小黑貓，
一起來一探究竟吧！

ㄈㄙㄕ

想想看，蛇會發出什麼聲音？

ㄅ
ㄉ
ㄊ

想想看，大象走路是什麼聲音？

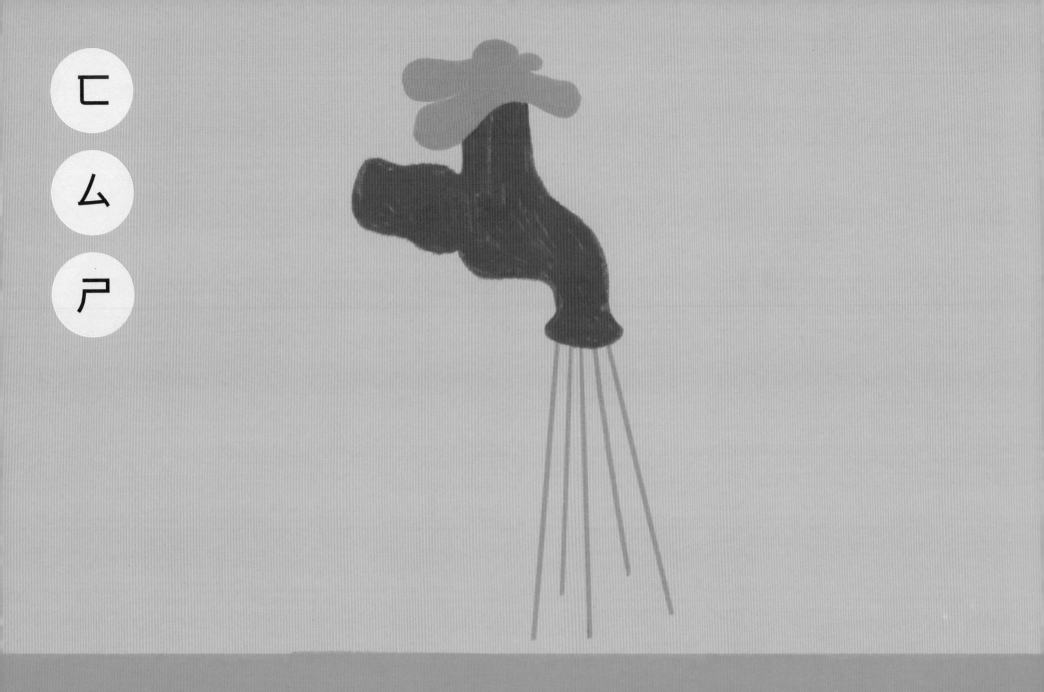

ㄈ
ㄙ
ㄕ

想ㄒㄧㄤ想ㄒㄧㄤ看ㄎㄢ，水ㄕㄨㄟ龍ㄌㄨㄥ頭ㄊㄡ打ㄉㄚ開ㄎㄞ會ㄏㄨㄟ有ㄧㄡ什ㄕ麼ㄇㄜ聲ㄕㄥ音ㄧㄣ？

ㄅ ㄉ ㄊ

想想看，水龍頭沒關緊會有什麼聲音？

ㄈ
ㄙ
ㄕ

想ㄒㄧㄤ想ㄒㄧㄤ看ㄎㄢ，沙ㄕㄚ漏ㄌㄡ中ㄓㄨㄥ沙ㄕㄚ子ㄗˇ流ㄌㄧㄡ動ㄉㄨㄥˋ會ㄏㄨㄟˋ有ㄧㄡˇ什ㄕ麼ㄇㄜ聲ㄕㄥ音ㄧㄣ？

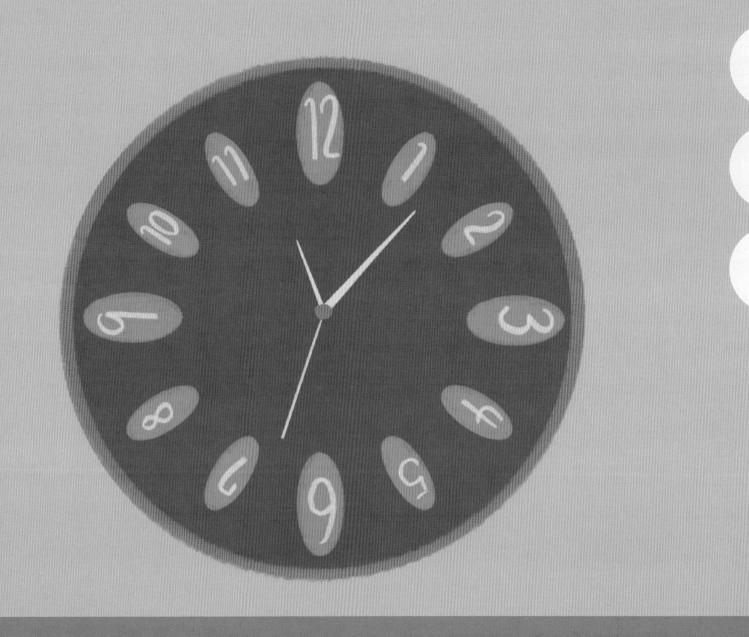

ㄅ ㄉ ㄊ

想ㄒㄧㄤˇ想ㄒㄧㄤˇ看ㄎㄢˋ，時ㄕˊ鐘ㄓㄨㄥ秒ㄇㄧㄠˇ針ㄓㄣ轉ㄓㄨㄢˇ動ㄉㄨㄥˋ會ㄏㄨㄟˋ有ㄧㄡˇ什ㄕˊ麼ㄇㄜ˙聲ㄕㄥ音ㄧㄣ？

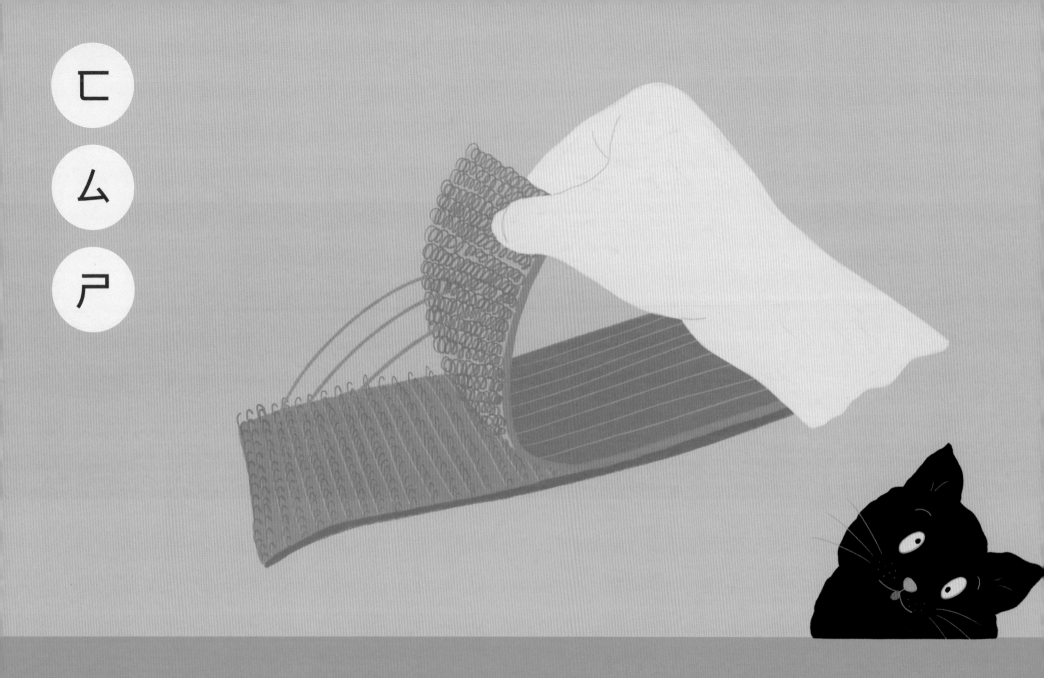

ㄈㄙㄕ

想想看，慢慢撕開魔鬼氈會有什麼聲音？

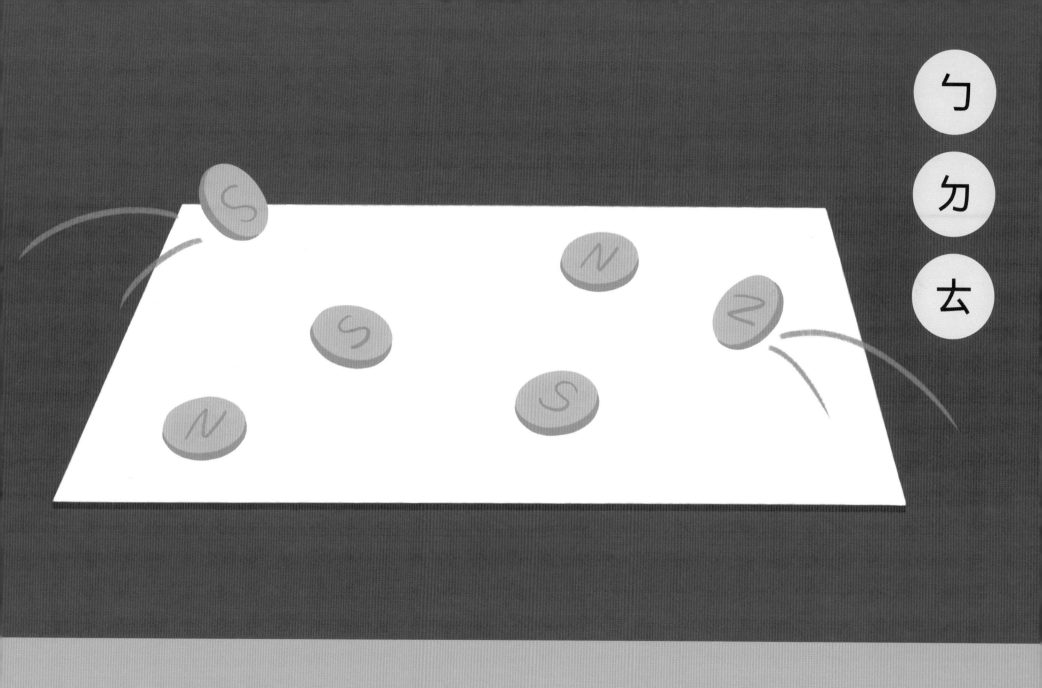

ㄅ
ㄉ
ㄊ

想ㄒㄧㄤˇ想ㄒㄧㄤˇ看ㄎㄢˋ，把ㄅㄚˇ磁ㄘˊ鐵ㄊㄧㄝˇ丟ㄉㄧㄡ在ㄗㄞˋ白ㄅㄞˊ板ㄅㄢˇ上ㄕㄤˋ會ㄏㄨㄟˋ有ㄧㄡˇ什ㄕㄣˊ麼ㄇㄜ˙聲ㄕㄥ音ㄧㄣ？

恭喜你通過考驗！
讓我們一起來看看
老婆婆到底吞了哪些東西呢？
跟緊小黑貓，別跟丟了喔！

愛ㄞ吞ㄊㄨㄣ字ㄗˋ的ㄉㄜ老ㄌㄠˇ婆ㄆㄛˊ婆ㄆㄛˊ，
一ㄧ次ㄘˋ吞ㄊㄨㄣ一ㄧ個ㄍㄜ˙大ㄉㄚˋ大ㄉㄚˋ的ㄉㄜ字ㄗˋ。

老婆婆吞了
一隻腿，一灘水。

老婆婆吞了一條毯，一把傘。

老婆婆吞了
一把土，一隻鼠。

老婆婆吞了
一個頭，一隻手。

老婆婆吞了了
一條被子，
一群痱子。

老婆婆吞了
一個大大的婆，
一個大大的佛。

婆婆拜佛……

保平安！

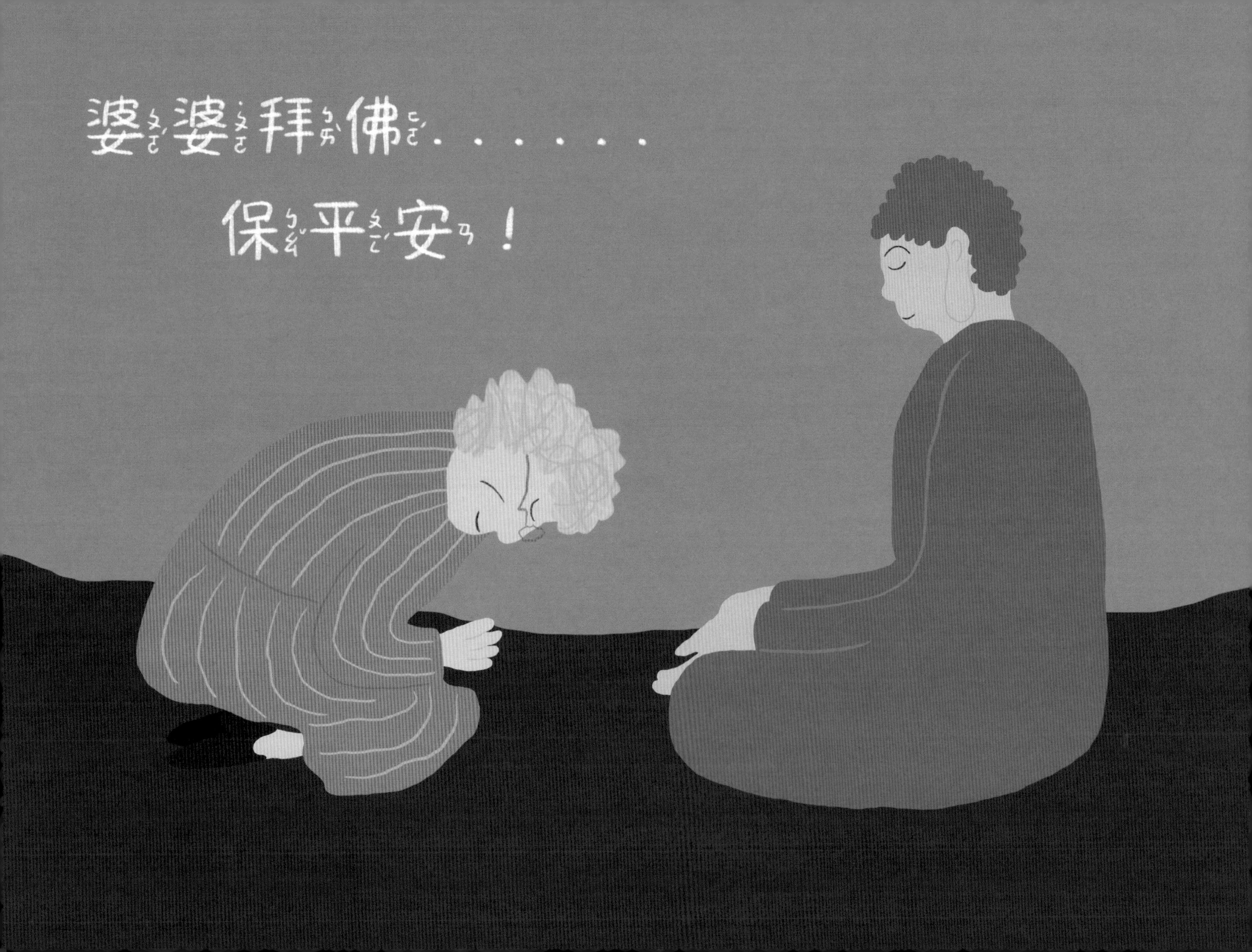

恭喜你完成了冒險旅程！
小黑貓終於回到老婆婆的身邊了。

對比詞彙

腿ㄊㄨㄟ／水ㄕㄨㄟ

弟ㄉㄧ弟ㄉㄧ抬ㄊㄞ腿ㄊㄨㄟ　　哥ㄍㄜ哥ㄍㄜ抬ㄊㄞ水ㄕㄨㄟ

毯ㄊㄢ／傘ㄙㄢ

媽ㄇㄚ媽ㄇㄚ拿ㄋㄚ毯ㄊㄢ　　妹ㄇㄟ妹ㄇㄟ拿ㄋㄚ傘ㄙㄢ

土ㄊㄨˇ / 鼠ㄕㄨˇ

院ㄩㄢˋ子ㆣ裡ㄌㄧˇ有ㄧㄡˇ土ㄊㄨˇ　屋ㄨ子ㆣ裡ㄌㄧˇ有ㄧㄡˇ鼠ㄕㄨˇ

頭ㄊㄡˊ / 手ㄕㄡˇ

男ㄋㄢˊ孩ㄏㄞˊ拍ㄆㄞ　　女ㄋㄩˇ孩ㄏㄞˊ拍ㄆㄞ
小ㄒㄧㄠˇ狗ㄍㄡˇ的ㄉㄜ頭ㄊㄡˊ　小ㄒㄧㄠˇ貓ㄇㄠ的ㄉㄜ手ㄕㄡˇ

被ㄅㄟˋ子ㄗ / 痱ㄈㄟˋ子ㄗ

爺ㄧㄝˊ爺ㄧㄝ床ㄔㄨㄤˊ上ㄕㄤˋ
的ㄉㄜ被ㄅㄟˋ子ㄗ

弟ㄉㄧˋ弟ㄉㄧ身ㄕㄣ上ㄕㄤˋ
的ㄉㄜ痱ㄈㄟˋ子ㄗ

婆ㄆㄛˊ / 佛ㄈㄛˊ

公ㄍㄨㄥ園ㄩㄢˊ有ㄧㄡˇ婆ㄆㄛˊ

寺ㄙˋ廟ㄇㄧㄠˋ有ㄧㄡˇ佛ㄈㄛˊ

繪本簡介

這是一套由資深語言治療師指導與語言治療系學生共同創作的功能性繪本，既可作為親子共享閱讀樂趣的童書，也可作為誘發幼兒語音學習的教材。這五本繪本以幼兒在語音發展過程中常見的語音錯誤型態為主題，藉由特殊的內容設計，運用具有實證基礎的教學策略，讓親子在趣味故事和操作活動中，強化語音學習，更享受親子閱讀的樂趣！各繪本的簡介及適用發音型態如下，建議可依照幼兒需求而使用，更推薦整套運用，為幼兒預備完整的語音發展學習。

詳細介紹

《企鵝阿湯的樂團》
幼兒常將舌尖音錯發為舌根音，如將「兔」子說成「褲」子；本書目標在誘發ㄉ、ㄊ語音的出現。

《恐龍咕咕的一天》
幼兒常將舌根音錯發為舌尖音，如將阿「公」說成阿「東」；本書目標在刺激ㄍ、ㄎ語音的出現。

《聽聽看，老婆婆吞了什麼？》
持續送氣的語音ㄈ、ㄙ、ㄕ通常較晚發展出來，幼兒常將氣流阻斷而變成另一個語音，如將「番茄」說成「潘茄」；本書目標在誘發幼兒持續發出送氣的語音。

《聽我說，聽你說》
ㄢ、ㄤ、ㄣ、ㄥ的發音可分析為（開口的）母音＋（閉合的）鼻音，所以是由兩個音所組成，此稱為聲隨韻母。幼兒常將鼻音尾巴省略，如將「幫忙」唸成「巴麻」；本書目標在引導幼兒將聲隨韻母完整發音。

《我是快樂小店長》
幼兒常容易將送氣音ㄑ、ㄗ、ㄘ發成不送氣音，如將「七」唸成「雞」；本書目標在誘發幼兒正確發出送氣音。

主編介紹

吳咸蘭

（經歷）

國立高雄師範大學
特殊教育學系專任助理教授

國立高雄師範大學
聽力學與語言治療研究所兼任助理教授

中華醫事科技大學
語言治療系助理教授兼系主任

作者群介紹

王人平、吳咸蘭、施慧宜、許瑋捷、
陳慧淇、賴韻天、薛伊廷
(依姓氏筆畫排序)

　　本系列繪本由資深語言治療師指導與語言治療系學生共同創作，內容乃針對華語兒童常見之構音/音韻錯誤而設計。繪本初稿參與「2020全國科技校院聽語治療實務設計競賽」榮獲兒童組第一名，經過重新編修與繪圖，本叢書得以誕生。我們希望透過共讀活動增進孩子對語音的覺察並體驗語言的趣味，只要善用策略與技巧，所有孩子都適用。

繪者介紹

Ohno Studio

　　「Ohno!」就像是從貨車上掉下來摔破在馬路中央的花瓶。散落在土堆及碎片裡的花，在這黯淡無奇的道路上創造了突如其來的美、置入了超現實的瞬間。喜歡任何視覺相關的事物，提供動畫、平面設計和配樂的服務。不喜歡太過正經的東西，希望能在平凡中，創作出令人感到舒服及驚艷的不平凡。

溝通障礙系列65049

聽聽看，老婆婆吞了什麼？

主　　編：吳咸蘭
作　　者：王人平、吳咸蘭、施慧宜、許瑋捷、
　　　　　陳慧淇、賴韻天、薛伊廷
繪　　者：Ohno Studio
執行編輯：陳文玲
總 編 輯：林敬堯
發 行 人：洪有義
出 版 社：心理出版社股份有限公司
地　　址：231026 新北市新店區光明街 288 號 7 樓

電　　話：(02) 29150566
傳　　真：(02) 29152928
郵撥帳號：19293172 心理出版社股份有限公司
網　　址：https://www.psy.com.tw
電子信箱：psychoco@ms15.hinet.net
排版印刷：昕皇企業有限公司
初版一刷：2023 年 1 月
I S B N：978-626-7178-39-3
定　　價：新台幣 450 元